伝道ブックス82

親鸞聖人と聖徳太子

織田顕祐

表紙デザイン　藤本孝明＋如月舎

目次

【凡例】

本文中の真宗聖典とは、東本願寺出版（真宗大谷派宗務所出版部）発行の『真宗聖典』を指します。

■聖徳太子千四百回忌を前に

京都にある大谷大学に奉職し、学生と一緒に仏教学を学んできました。その間ずっと私の課題になっているのは、親鸞聖人《しんらんしょうにん》があきらかにされた「南無阿弥陀仏」の教えは、仏教学から見た時にどういうことになるのか。また日本の仏教は、インドから中国、朝鮮半島を経て伝えられてきたものですから、その大きな流れの中で親鸞聖人の教えは、どういうところに立っているのか、ということです。

そういうことを思うにつけ、どうしても向き合わなければならないのが、聖徳太子《しょうとくたいし》という方なのです。

親鸞聖人は、聖徳太子という方をどのようにいただかれたのか、それが私の課題です。親鸞聖人は、歴史上の一人物として聖徳太子という方を受け止めたわけではなく、もっと大きなはたらきとして、太子を受け止めておられるのだと私は思っています。

ですから、聖徳太子という歴史上の人物をとおして、歴史を超えたような大きな存在としていただいてきた日本の仏教の歴史があると思うのです。そういうことをおさらいしながら、親鸞聖人が、太子をどのように受け止められたのかを考えてみたいと思っています。

先日、インターネットで〝聖徳太子〟と検索していましたら、大阪の四天王寺《してんのうじ》に法要の告知をする駒札《こまふだ》が立ったという記事を目にしました。その札には、「平成三十四年厳修　聖徳太子千四百年御聖忌《ごせいき》」と書かれていました。

歴史上の聖徳太子は、六二二年にお亡くなりになりましたので、そこから千四百年、二〇二二年が千四百年目にあたります。千四百回忌でいうと、一年前の二〇二一年がそれにあたります。ですから、二〇二一、二〇二二年には、聖徳太子とゆかりのあるお寺で、大きな法要が勤まることになります。

ですから、私があらためて聖徳太子について考えていることをお話ししようと思うのは、そういう時代的な一つの流れもあるわけです。

■三つの夢のお告げ

宗祖親鸞聖人の生涯は、聖徳太子に導かれ、背中を押されながら歩んで行かれたということは、ご承知のことだろうと思います。

そのご生涯を少し尋ねてみますが、親鸞聖人が比叡山を下りられ、法然上人《ほうねんしょうにん》にお遇《あ》いになる。そして流罪《るざい》となり越後へ。その後、関東へ赴き、そして京都へ戻ってこられる。こういうご生涯の中で、節目節目に、その転機ごとに聖徳太子との出遇《であ》いがあります。具体的に言いますと聖徳太子の夢のお告げ（夢告《むこく》）です。そういう出来事が親鸞聖人の行動をはじめ、生涯に影響を与えている。これは、間違いないことだと思うのです。

『三夢記《さんむき》』という、書物というより書類のようなものが、高田派の本山に残っています。『三夢記』とは、字のごとく三つの夢を見られたということです。親鸞聖人が、聖徳太子との大事な三つの出遇い、夢を記録されたというわけです。これは、本当にそういう夢告を親鸞聖人が受けたかどうかということは、学者によっては疑わしいという意見をもっている方もいるのですが、それは置いておきまして、そこにどんなことが書いてあるのかを、少し紹介しておきたいと思います。

最初の夢告は建久《けんきゅう》二（一一九一）年、親鸞聖人が十九歳の時です。聖人が、磯長《しなが》という、聖徳太子の御廟《ごびょう》へ行かれた時にご覧になった夢です。

その夢を与えられた時のことを親鸞聖人は、

建久二歳辛亥《かのとのい》暮秋仲旬第四日の夜

聖徳太子　善信《ぜんしん》に告勅《ごうちょく》して言《のたま》わく

（著者書き下し）

〔原文〕

建久二歳辛亥暮秋仲旬第四日夜

聖徳太子善信告勅言

と、書かれています。聖徳太子が善信（親鸞聖人）に強くお話しになりましたというわけです。

そして次に、

我が三尊《さんぞん》は塵沙界《じんじゃかい》を化《け》す、

日域《にちいき》は大乗相応《だいじょうそうおう》の地なり。
諦《あきらか》に聴け諦に聴け我が教令を
汝《なんじ》の命根応《みょうこんまさ》に十余歳なるべし。
命終して速《すみ》やかに清浄土に入らん、
善く信ぜよ善く信ぜよ真菩薩よ。

（著者書き下し）

［原文］

我三尊化塵沙界　日域大乗相應地
諦聴諦聴我教令　汝命根應十餘歳
命終速入清浄土　善信善信真菩薩

と、書かれています。「我が三尊」というのは、磯長の太子廟が、太子の母と太子の妻を合葬《がっそう》して、「三骨一廟《さんこついちびょう》」と称され、後に阿弥陀三尊に帰依するところとして人々に信仰されたことを踏まえています。つまり始めの二句は、「阿弥陀如来は無量の世界を教化する。それゆえ、この日本（日域）という国は大乗仏教の地である」ということです。そして、「これから言うことをよく聴きなさい」と言われ、「あなたの命はあと十年ほどだ、命終の後は速やかに浄土に入りなさい」という夢をいただいたのです。最後の一句は原文では「善信善信真菩薩」となっています。色々と創造的な読み方ができると思います。これが十九歳の時だといわれています。

親鸞聖人が十九歳ということは、比叡山におられる時です。その後、比叡山を二十九歳で下りられるわけですが、下りられる時も、夢をご覧になっています。それが二番目の夢告です。冒頭にはこのように書かれています。

正治《しょうじ》第二庚申《かのえさる》十二月上旬、
叡南《えいなん》无動寺《むどうじ》大乗院《だいじょういん》に在り　同じき月の下旬終日　前夜四更に

（著者書き下し）

［原文］

正治第二庚申十二月上旬
叡南无動寺在大乗院同月下旬終日　前夜四更

比叡山の根本中堂《こんぽんちゅうどう》から少し南に下がったところに无動寺という谷が

あるのですが、そこの大乗院という場所におられた時ということです。
どういう夢かというと、

如意輪観自在大士《にょいりんかんじざいだいし》、告命して言く
善《よ》き哉《かな》、善き哉、汝《なんじ》が願、将《まさ》に満足すべし
善き哉、善き哉、我が願も亦《ま》た満足す

（著者書き下し）

［原文］

如意輪観自在大士告命言
善哉善哉汝願将満足
善哉善哉我願亦満足

というものでした。「如意輪観自在大士」とは如意輪観音さまのことで、聖徳太子の本地《ほんじ》（本来のすがた）と言われています。つまり聖徳太子が親鸞聖人に、また夢告を与えられたわけです。その内容は、「汝（親鸞聖人）の願いも、私（如意輪観音）の願いも共に満足する」というものです。書かれてあるのはこれだけですから、具体的なことは推察するほかないのですが、大乗仏教ははじめから菩薩の願と行によって成り立っているものでして、その願いというのは根本的には「仏国荘厳《ぶっこくしょうごん》」と「衆生教化《しゅじょうきょうけ》」の二つです。観音菩薩の「観音」とは、人々の声をよく観察するという意味ですから、この場面での「我が願」も大きく言えば、一切衆生《いっさいしゅじょう》を救済せんということになるのだろうと思います。

親鸞聖人が比叡山を出られる直前にこの夢を見られて、そしてそれに背中を押されるようにして比叡山を出ていかれ、そして六角堂《ろっかくどう》へ行かれるわけです。

次に三番目です。有名な「六角堂の夢告」といわれる夢告です。

そこには、

建仁《けんにん》元歳辛酉《かのととり》四月五日の夜寅の時、

六角堂の救世大菩薩《くせだいぼさつ》、善信に告命して言く

（著者書き下し）

［原文］

建仁元歳辛酉四月五日夜寅時、

六角堂救世大菩薩告命善信言

と、今度は六角堂では救世菩薩が、親鸞聖人に夢を与えられたと書いてあります。この救世菩薩は当時の人々の感覚からいえば、より積極的に聖徳太子を指しています。

そして、

行者《ぎょうじゃ》、宿報《しゅくほう》にして設《たと》い女犯《にょぼん》すとも
我、玉女《ぎょくにょ》の身と成りて犯せられん
一生の間、よく荘厳《しょうごん》して
臨終《りんじゅう》に引導《いんどう》して極楽に生ぜしめん
（著者書き下し）

［原文］

行者宿報設女犯
我成玉女身被犯

一生之間能荘厳
臨終引導生極楽

という有名な夢をいただかれて、親鸞聖人は法然上人のところへ行かれるのです。

このように法然上人のところに行かれるまでの人生の節目で、三回夢を見て、そのことを記録しておられるわけです。

法然上人という人が、親鸞聖人にとっては決定的な先生です。その先生に遇うまでに三回、このようにして聖徳太子に背中を押され、法然上人と遇い、そして本願念仏の教えに出遇っていかれるのです。つまり法然上人に出遇うまでの親鸞聖人の大きな三つの転機。そこにはいつも聖徳太子がおられたということです。

■日本における聖徳太子信仰

日本に仏教が伝わったのは、六世紀の中頃、飛鳥《あすか》時代の頃です。そこから白鳳《はくほう》時代、奈良時代、平安時代、鎌倉時代、室町時代と移っていきます。

仏教は、インドで生まれ、中国で発展し、朝鮮半島を経由して日本へ伝わってきましたけれども、その当時の日本の人たちから見れば、仏教というのは、いったいどういうものなのかまったくわからないわけです。それで、朝鮮の人に教えてもらったり、いろいろなことを試行錯誤しながら、長い期間をかけて私たちの先輩方は仏教を学んでいかれました。

その過程の中で、節目節目に聖徳太子の伝説といいますか、説話が湧き上がってきます。後から見れば、〝日本仏教の発展のキーポイントはここですよ〟という時に必ず聖徳太子の伝説が浮かび上がってきているのです。

それはなぜなのかということを、ずっと考えてきたのですが、長い間わからないままでした。それで最近あることがきっかけで気が付いたのは、それは日本の先輩方が仏教を受け止めた、その受け止め方が聖徳太子に託して表現されているのではないか、ということです。

親鸞聖人が書かれた聖徳太子に関する和讃《わさん》(歌)などを拝読しますと、

そういう、一つ一つの説話を、親鸞聖人は真正面から受け止めておられるのです。受け止められた上でそれを換骨奪胎《かんこつだったい》というか、そのまま受け止めるのではなくて、受け止めたものを一回転させて、ご自身の表現にしていかれる。そういうことが、近ごろ少しずつですが私の中ではっきりしてきました。

ですから、まず日本の仏教の中で、聖徳太子がどのようにいただかれてきたのかということを尋ねてみたいと思います。

そもそも聖徳太子という呼称が一つの尊敬表現です。「厩戸《うまやど》」や「かみつのみやのたいし」など、いろいろな呼び名があったと思いますが、聖徳太子と呼ぶ時から、歴史上の人物を超えて、一つの仏教の大恩人のような呼び方になっていくわけです。

ここではその歴史上の人物をとおして、私たちの先輩たちが、そこに何か大事なことをいただいてこられたに違いないと思いますので、それを一度検証してみたいと思います。

■聖徳太子の説話

歴史の上で最初に出てくる説話が、『小野妹子法華経将来説話《おののいもこほけきょうしょうらいせつわ》』というものです。小野妹子が聖徳太子の命令を受けて中国へ行き、日本に伝わっていない『法華経《ほけきょう》』を受け取ってくるという説話です。

それから、『南岳慧思後身説《なんがくえしこうしんせつ》』という、聖徳太子は南岳慧思という人物の生まれ変わりなのだという説話です。

南岳慧思という方は、中国で『法華経』を依りどころとして天台宗の思想を大成した智顗《ちぎ》という人の先生にあたる人です。聖徳太子は、この慧思が日本に生まれ変わったのだという説です。そのような説話が奈良時代の後半頃から出てきます。

このことがいったい何を表しているかということは、簡単には言えませんが、私は次のように考えています。

奈良時代の後半以降のことを考えてみますと、奈良の仏教の中心は、南都六宗といって、六つの宗派であったわけです。その後、都が京都に移り、平安時代になると空海《くうかい》と最澄《さいちょう》によって真言宗と天台宗が新たに伝わってきます。

　その天台宗の思想が日本に根付く時に、天台宗の根本を明らかにした慧思という方が聖徳太子の生まれ変わりであるということが、大事な根拠になったようです。あの慧思の生まれ変わりである聖徳太子が明らかにされた思想なのだから、当然日本は受け入れるべきだということです。つまり、比叡山に天台宗が落ち着くためのとても大事な背景になったということのようです。

　奈良時代から平安時代にかけて日本仏教の大きな転換点があるのです。日本の人々が、ただ、大陸の仏教を受け入れるだけではなくて、受け入れた仏教を消化して日本に落ち着けていくということが次第に始まっていく。後にそこから日本の新しい仏教を開いた人々が出られたことはよく知られています。そのような転換点の最初にこのような説話が生まれてきたわけです。

■観音信仰の表れ

平安時代になり、それからしばらく二百年ほどは、聖徳太子に対する新しい説話が出てきません。しかし、十世紀の後半頃になると、新しい説話や伝説が突如として出てきます。

それは、聖徳太子の伝記として書かれた、『聖徳太子伝暦《しょうとくたいしでんりゃく》』という書物や四天王寺から出てきた『御手印縁起《ごていんえんぎ》』という四天王寺の縁起や什物《じゅうもつ》が書かれた、太子直筆といわれる書物などです。

『聖徳太子伝暦』というのは、いわゆる「救世観音托胎説《くせかんのんたくたいせつ》」が説かれており、救世観音が太子のお母さんのおなかを借りて、今から日本に生まれたいと願って、救世観音が太子となって生まれてくるというところから始まっていきます。

ですから、先ほどの六角堂の夢告で、救世大菩薩と書いてあったのは、この救世観音のことです。法隆寺へ行かれたらわかりますが、本堂などとは別に東院《とういん》というところがあり、その中心には夢殿《ゆめどの》というお堂がありま す。その夢殿の秘仏として太子の等身と言われる大きな観音さまがありますけれども、その観音さまが救世観音です。

これも、歴史的な事実を書いたというよりも、一つの観音菩薩信仰の表れということでしょう。救世観音である聖徳太子に、この世のこと、あの世のこと、いろいろなことをお願いする。こういうかたちで日本の仏教の受け止め方が進んできたわけです。

そして、もう一つの『御手印縁起』というのは、これは後に親鸞聖人にとても大きな影響を与えるのですが、そこには『御手印縁起』を書いた人物の名前が「皇太子《こうたいし》勝鬘比丘《しょうまんびく》」と記してあります。

ですから、聖徳太子ご自身が、自分のことを皇太子勝鬘比丘だと署名をして、これは間違いないものということで、手に朱肉を付けて、文書に手形を捺《お》し付けているのです。そういうものが十世紀の後半に四天王寺から見つかり、大騒ぎになりました。これも、歴史的な事実ではないとは思いますが、人々の大きな力、信仰を表すものであるといえます。

■「律令制」崩壊の中で

十世紀後半というのは、七高僧でいうとちょうど源信僧都《げんしんそうず》がおられた頃ですけれども、その頃の日本は、社会的に大きな変革期にありました。どういうことかというと、それまでの日本の仏教寺院は、長い間「律令《りつりょうせい》制」という法律に基づく国の政治の仕組みの中で成り立ってきたのです。

ですから、その頃のお寺は、今でいうと国立大学のようなものです。

国の税金によって建物を維持したり、人件費をまかなって経営するのです。ですから律令制のお寺の僧侶は、国家公務員みたいなものだったのです。しかし、次第に日本で仏教が受け止められていくにしたがって、お寺の数が増え、同時に「荘園《しょうえん》」といって、私的な土地がだんだんと広がっていく。すると、国家の財政もだんだんと逼迫《ひっぱく》してきます。

それまでのお坊さんは、お寺から出ずに、「鎮護国家《ちんごこっか》」といって、天皇の健康や国の安全などを祈ったり、経典などを読んで勉強するのが仕事で、お寺から出て布教をするなど絶対にできませんでした。

しかし、律令制がほとんど立ちゆかなくなってきて、お寺を直したり、お坊さんが勉強するだけの財源がなくなってくるわけです。そうすると、お坊さんは自分たちで布教してお布施をもらうなど、現在と同じように、独立採算制を強いられたわけです。

これが、十世紀の後半頃で、日本の世の中の仕組みが大きく変わっていく。そういう時代の中で聖徳太子に込められた信仰の表現が、変化して受け止められてくるのです。

■信仰の広がり

そこからまた二百年ほどたって、親鸞聖人が生まれる直前ぐらいになりますと、観音三十三カ所霊場や京都でも洛中三十三観音という信仰が広がっていきます。天皇や貴族をはじめとして、一般の人々の間にも随分広がったのです。ですから親鸞聖人の観音信仰は特別なものとは言えません。

鎌倉時代ぐらいになりますと、そういう観音信仰がますます盛んになると同時に、聖徳太子自身に対する信仰もすごく盛んになっていきます。ところが、同じ時代の人でも、親鸞聖人のようにすごく聖徳太子に影響を受けた方と、まったくそれを感じない方がおられます。

例えば、法然上人には、そういうところは感じられないのです。そうすると、同じ時代の人で、同じ空気を吸ったはずなのに、なぜそんなに違うのだろうと疑問になります。親鸞聖人のように、聖徳太子の影響をすごく受けた方がいる一方で、まったくそういうことを感じない方もいる。例えば法然上人とか、禅宗の栄西《えいさい》や道元《どうげん》などには、まったくそういう影がありません。

では、いったい何がどう違うんだということが疑問になります。ここに、親鸞聖人の聖徳太子に対する信仰を考えていく一つの手掛かりがあるように思います。

■聖徳太子を讃える歌

平安時代の終わり、鎌倉時代に親鸞聖人はお出ましになり、先ほども申したように、法然上人に出遇い、南無阿弥陀仏の教えをいただかれました。その教えに出遇う時に、背中を押したのは聖徳太子でした。

その聖徳太子をきっかけに、本願《ほんがん》の教えをいただかれて、そして越後に流罪になって、関東を経由し、また京都へ戻ってくるわけですけれども、親鸞聖人は、晩年の八十歳を過ぎてから急に聖徳太子についての和讃や伝記などを書かれるようになります。

まず和讃から紹介したいと思いますが、和讃は三つあります。

一つ目は、『皇太子《こうたいし》聖徳奉讃《しょうとくほうさん》』です。親鸞聖人が八十三歳の時に作られたものだと言われ、全部で七十五首あります。二つ目は、『大日本国《だいにほんこく》粟散王《ぞくさんおう》聖徳太子《しょうとくたいし》奉讃《ほうさん》』、八十五歳頃の作で百十四首の和讃があります。それから三つ目は、一つ目の和讃と同じ名前ですが、『皇太子聖徳奉讃』です。これは、八十六歳の頃と伝えられ、十一首あります。

それとは別に、『上宮太子御記《じょうぐうだいしぎょき》』という伝記があります。上宮太子というのは聖徳太子のことですが、親鸞聖人が八十五歳の頃にまとめられたものが残っています。

〈聖徳太子に関する親鸞聖人の著作〉

・『皇太子聖徳奉讃』（七十五首）　――親鸞八十三歳頃
・『大日本国粟散王聖徳太子奉讃』（百十四首）　――親鸞八十五歳頃
・『皇太子聖徳奉讃』（十一首）　――親鸞八十六歳頃
・『上宮太子御記』　――親鸞八十五歳頃

このように聖徳太子に関する四つの著作を八十三歳以降にお作りになっているわけです。これは、いったいなぜなのかということです。

その時代の前後を、いろいろと見てみますと、最初の『皇太子聖徳奉讃』という和讃を書かれたすぐ後で、関東に行かれたご子息の善鸞《ぜんらん》さまを義絶するという出来事があります。

また、その前後を調べてみると、八十歳頃からでしょうか、親鸞聖人は盛んに『西方指南抄《さいほうしなんしょう》』という法然上人の教えをまとめられたものや、『唯信鈔《ゆいしんしょう》』という先輩の書物を書写され、関東に送っておられた。

関東では、念仏に対するさまざまな見解の違いが起こり、教えの受け取り方が揺れていたわけです。そういう状況の中で、ご子息を遣わしたところ、いっそうややこしいことになってしまった。それで、善鸞さまを義絶するという悲劇的なことが起こるわけです。これがちょうど最初の和讃と二つ目の和讃との間に起こっているのです。

ですから、『西方指南抄』や『唯信鈔』という先輩の書物を写しながら、一方で太子の和讃を書いておられたのです。そんなイメージをもっていただけたらと思います。

■聖徳太子へのお願い

それでは、その頃書かれている和讃には何が書いてあるのかというと、最初の『皇太子聖徳奉讃』には、前に申しましたように、聖徳太子が仏《ぶっ》法興隆《ぼうこうりゅう》、衆生済度《しゅじょうさいど》の人であることを軸として南岳慧思や勝鬘夫人《しょうまんぶにん》の生まれ変わりであるといったことなどが書いてあり、そのお徳を七十五首にわけて讃仰されています。

一つ気になりますのは、『皇太子聖徳奉讃』の基礎が、四天王寺から出てきた『御手印縁起』であるということです。これは双方を見比べればすぐにわかります。およそ半分以上は『御手印縁起』によりながら、その都度他のものを引用したり、ご自分の文章を加えたりしていますが、その一部をご紹介したいと思います。いわゆる奥付の部分になるのですが、そこには、

南無救世観音大菩薩　哀愍覆護我《あいみんふくごが》

南無皇太子勝鬘比丘　願佛常攝受《がんぶつじょうしょうじゅ》
皇太子佛子勝鬘
是《こ》の縁起《えんぎ》の文は金堂の内監《ないらん》に納め置けり　披見《ひけん》すべからずと、
手跡猥《しゅせきみだり》がわしと
乙卯《きのとう》歳正月八日
拝見奉讃《ほうさん》の人は南無阿弥陀仏と唱《とな》うべし唱うべし
建長《けんちょう》七歳乙卯十一月　晦日《つごもりのひ》　之を書く
愚禿《ぐとく》親鸞八十三歳
（『定本親鸞聖人全集』二巻・二四八頁／著者書き下し）

と書かれています。

この「皇太子佛子勝鬘　是の縁起の文は……」という箇所が『御手印縁起』の最後の部分と同じなのです。

ですから、『御手印縁起』を基にしながら和讃を作られていたわけです。では、その前に書かれている「南無救世観音大菩薩　哀愍覆護我南無皇太子勝鬘比丘　願佛常攝受」という一文は、いったい何なのかということになります。

これを先輩の先生方は「乞加偈《こつかげ》」と呼んでおられます。「こつ」というのは「乞食《こつじき》」の「乞」です。「か」は「加」えるということです。どういうことかというと、加を乞《こ》う。加というのは、仏さまが衆生を護ることですから、「乞加」は仏さまに「助けてください」と言ってお願いをするということです。

ですから親鸞聖人は聖徳太子の和讃をまとめられて、最後に太子に向かってだと思うのですが、お願いをしている。そういう意味だと思うのです。

■聖徳太子に託した思い

この「哀愍覆護我」「願佛常攝受」という言葉には、よりどころがあります。それは『勝鬘経《しょうまんぎょう》』というお経なのですが、この経は聖徳太子が最初にお説きになったものです。勝鬘夫人という一人の女性が仏さまに代わって教えを説くという流れになっています。その初めに「真実義《しんじつぎ》功徳章」というところがあり、勝鬘夫人が、これから教えを説くにあたって、仏さまの功徳を歌う場面があるのです。

その場面の中で、この「哀愍覆護我」「願佛常攝受」という言葉を使っておられます。具体的にいいますと、「今から、仏さまに帰依いたしますので、どうぞ守ってくださいい、助けてください」と勝鬘夫人が歌うと、すぐ後に、「私はすでにあなたを見護っていますよ」と仏さまがお応えになるという流れになっています。

そういうことを推察すると、親鸞聖人は、関東が混乱に巻き込まれる中で、法然上人の教えをまとめ、先輩の教えをまとめ、そして太子の和讃をまとめる中で、「願佛常攝受」「哀愍覆護我」と書き記し、聖徳太子に何かを託しているのではないかと思うわけです。

この和讃を書かれたのが建長七（一二五五）年十一月三十日です。そして、その翌年の五月に善鸞さまを義絶するという出来事が起こります。

■呼び名に込めた恩徳

息子である善鸞さまを義絶された後、親鸞聖人は、

康元《こうげん》二歳丁巳《ひのとのみ》二月九日夜、
寅時《とらのとき》夢に告げて云わく
弥陀《みだ》の本願信《ほんがんしん》ずべし
本願信ずるひとはみな

摂取不捨《せっしゅふしゃ》の利益《りやく》にて
無上覚《むじょうかく》をばさとるなり

（真宗聖典五〇〇頁／一部著者書き下し）

と記して『正像末和讃』を作られています。つまり、「夢に告げて云わく」とあるように「弥陀の本願信ずべし……」という夢告を受けられたというのです。その受けられた年が、善鸞さまを義絶された半年ほどたった康元二（一二五七）年二月九日なのです。ですから、和讃でお願いを述べ、息子を義絶し、そして、夢のお告げを受けられた、このような順番です。

この夢のお告げを受けられて親鸞聖人は、『正像末和讃』に先立って、すぐに二番目の太子和讃である『大日本国粟散王聖徳太子奉讃』をひと月ほどの間で書かれるのです。

これにもよりどころがありまして、『三宝絵《さんぼうえ》』という書物です。「三宝」ですから、「仏・法・僧」について書かれたもので、上中下巻の三巻になっています。その「法」について書かれてある巻には、法によって生きた方々の伝記が書いてあります。

その中には、弘法大師や伝教大師などの伝記もあるのですが、一番初めに、聖徳太子の伝記が書いてあるのです。その伝記を、ほとんどそっくりそのまま歌に書き直したものが、この『大日本国粟散王聖徳太子奉讃』という和讃です。

最初の和讃は『皇太子聖徳奉讃』という名前でした。そして、その次の和讃は、『大日本国粟散王聖徳太子奉讃』という名前になっています。「皇太子」から「大日本国粟散王」という名前に変わっているわけですが、これは夢告の後、親鸞聖人が、そのように聖徳太子のことを呼び直されたのだと思うのです。そのように聖徳太子の恩徳を奉讃していかれたということでしょう。

■世俗の王であり仏さまとしての聖徳太子

『大日本国粟散王聖徳太子奉讃』の第一首目は、

和国《わこく》の　教主聖徳皇《きょうしゅしょうとくおう》

広大恩徳謝《こうだいおんどくしゃ》しがたし
一心《いっしん》に帰命《きみょう》したてまつり
奉讃不退《ほうさんふたい》ならしめよ

（『定本親鸞聖人全集』二巻・二五一頁）

とあります。

聖徳太子を「聖徳太子」と呼ばないで、書名では「大日本国の粟散王」とお呼びになり、和讃では「聖徳皇」と呼んでおられます。ですから、単に聖徳太子の聖徳を奉讃するという視点から一歩進んで、太子ではなく、王（皇）としていただかれていることなのです。

王というのはどういうことかというと、王子が即位して王になったということです。つまり太子が仏さまになったということではないかと思うのです。つまり自分にとっての王になった、仏さまになったという意味です。ですから、「大日本国の粟散王」であるというようにおっしゃるのだと思うのです。

そして、粟散王とはどういうことかといいますと。これは、インドの伝統で理想的な政治を行う王さまのことを転輪聖王《てんりんじょうおう》といいます。この名前は、仏さまの名前ではなくて、世俗の王さまのことです。そして、この転輪聖王は、治める国の大きさによって、名前がかわっていくのですが、最後の最後、とても小さい国を治める時の名を粟散王というのです。粟《あわ》が散ったような小さく細かな国を治める王、つまり、日本の国を治める王ということです。ですから、「大日本国粟散王聖徳太子」という名前になるのです。

その王さまは何をするのかというと、仏法興隆です。お寺を作ったり、お坊さんを養成したり、お経を一生懸命写したり。そうした仏法が広まる環境を整える王さまのことを転輪聖王というわけです。

一方、こちらは、仏さまの仕事になるのですが、衆生済度という仕事があります。教えを説いて人々を済度する、導くというお仕事です。

こういうように、役割分担ではないですけれど、課題が異なるわけです。お寺があっても、誰も教えを説かなかったならば、お寺はただの建物です。しかし、建物がなければ、場所がなければ、その教えを説くこともできません。ですから二つのものが相まって、仏法が人々のところへ届いていく。こういう二つの要素のことを仏法興隆、衆生済度というのです。転輪聖王の役目は仏法興隆、仏さまの役目は衆生済度。しかし、聖徳太子という方は、日本の伝統の中で、どちらとしても呼ばれてきたわけです。仏法興隆の人であり、衆生済度の人としても呼ばれてきた。つまり、聖徳太子は世俗の王でもあり、仏さまとしてもいただかれてきたのです。

親鸞聖人のいただき方――父母として

親鸞聖人も、聖徳太子を仏法興隆の仕事をずっとなさった方と受け止めると同時に、康元二（一二五七）年二月九日に「弥陀の本願信ずべし」の夢を見られて和讃を作り、教えを説いて衆生を導くこの世の仏さまとして聖徳太子のことを受け止め直されたのだと思います。本願そのものとしての阿弥陀さまはお用《はたら》きですので、直接言葉で教えを説くことはできません。ですから言葉でもって教えを説く教主が不可欠なのです。それゆえ、夢の中に現われて導く用きを教主と仰がれたに違いありません。本願の念仏の教えに向かって、自分の背中を押してくださる方として仰ぎ直していかれたのです。つまり、はっきりと転輪聖王の仕事、仏さまの仕事、両方をなさった方なのだということを、親鸞聖人自身の身をとおして受けとめ直しておられるのです。そういうことから、王と仏のお仕事をなさった方ということで、「聖徳皇」という言葉を最後の和讃『皇太子聖徳奉讃』でより積極的にお使いになっているのではないかと思うのです。

最後の和讃では、太子とも、聖徳とも、転輪王とも言われないで、「聖徳皇」と何度も呼んでおられます。ですから、聖徳皇という言葉は、宗祖の求道を経て、また最後の夢告を経て、転輪聖王であり、仏さまである、和国の教主である、そういう方として太子をいただかれた時の呼び方であると言ってもいいのではないかと思うのです。

最後に、『皇太子聖徳奉讃』（十一首）を取り挙げて、親鸞聖人晩年のおこころを拝察してみたいと思います。まず第二首目に次のような歌があります。

救世《くせ》観音大菩薩《かんのんだいぼさつ》
聖徳皇《しょうとくおう》と示現《じげん》して
多々《たた》のごとくすてずして
阿摩《あま》のごとくにそいたまう

（『正像末和讃』真宗聖典五〇七頁）

こういう有名な歌ですけれども、「多々」と「阿摩」というのは、お父さん、お母さんのことです。

つまり、救世観音が聖徳皇というおすがたをとって、お父さんやお母さんのように私をお育ていただいた、という意味でしょう。この救世観音の「救世」とは、この世の一切衆生を救済するという意味ですから、最晩年の親鸞聖人にとっては阿弥陀の本願と重なっているに違いありません。それゆえ、この後の和讃には、聖徳太子のご生涯は阿弥陀の本願をあきらかにすることであったと感動する歌が登場します。それが第九首目の、

上宮皇子方便し《じょうぐおうじほうべん》
和国《わこく》の有情《うじょう》をあわれみて
如来《にょらい》の悲願《ひがん》を弘宣《ぐせん》せり
慶喜奉讃《きょうきほうさん》せしむべし

（真宗聖典五〇八頁）

という歌だと思います。この歌は、その前の「和国の教主聖徳皇……」という歌と対になって、『大日本国粟散王聖徳太子奉讃』の冒頭に置かれてあった歌です。この『大日本国粟散王聖徳太子奉讃』が全面的に『三宝絵』の文章を下敷きにして、それを和讃に作り直したものであることは先ほど述べました。その中でこの冒頭の二首だけが親鸞聖人の独自のお言葉なのです。その二首がここでは、全部で十一首ある和讃の、第八番目と第九番目として再び歌われているのです。ですから、最晩年の十一首の『皇太子聖徳奉讃』は、この第八番目と第九番目の和讃をさかいにして、少なくともそれ以前（第一首～第七首）とそれ以後（第十首と第十一首）の三つの段落に分けて、親鸞聖人のおこころを伺うことができるのではないかと考えております。
それで最後の第十一首目の和讃には次のようにあります。

聖徳皇《しょうとくおう》のおあわれみに
護持養育《ごじよういく》たえずして
如来二種《にょらいにしゅ》の回向《えこう》に
すすめいれしめおわします

（真宗聖典五〇八頁）

ここに「如来二種の回向」とあることは、ただちに親鸞聖人の主著である『教行信証《きょうぎょうしんしょう》』が往相《おうそう》と還相《げんそう》の如来二種の回向によって成り立っていることを思い出させます。つまり、親鸞聖人が法然上人に出遇っていただかれた、本願の念仏の教えを指しているのだと思うのです。そして『正像末和讃』は親鸞聖人の最後の著作ですから、ここに挙げた和讃は親鸞聖人の最後の心境を語るものと言ってもいいのではないかと思います。つまり、この最後の和讃で歌っておいでになることは、聖徳太子のお育てによって本願念仏の教えに入ることができたという感動にほかなりません。

親鸞聖人は、初めから最後まで自分の背中を押してくださった方として聖徳太子を仰ぎ、最後は、日本の仏さまであり転輪聖王だと受け止められた。

そしてさらに、それは私の父であり、母であると。法然上人は先生ですが、その先生に遇わせていただいたのは、お父さん、お母さんのおかげでありますす、と最後に歌っておいでになるのではないかと思うのです。

あとがき

本書は、二〇一七年四月九日、真宗本廟（東本願寺）の北側にある「しんらん交流館」で開催された「東本願寺日曜講演」において、織田顕祐氏が「親鸞聖人の聖徳太子観」の講題でお話しされた内容に加筆・修正をいただいたものです。

「十七条憲法」の制定や法隆寺の建立など、仏教による国づくりを進めた聖徳太子。親鸞聖人の求道の歩みは、その聖徳太子に大きな影響を受けたものでした。六角堂での聖徳太子による夢告をきっかけとした法然上人との出遇い。晩年の八十三歳から八十六歳頃の間に作られた二百首を超える聖徳太子を讃える和讃。これらのことからも親鸞聖人にとって聖徳太子がどれほど大きな存在であったのかを窺い知ることができるのではないでしょうか。

親鸞聖人は聖徳太子をどのように受け止めておられたのか。そのことを視座に織田氏は、日本における仏教伝来の歴史を踏まえ、夢告のエピソードや親鸞聖人が作られた和讃をとおして丁寧に尋ねてくださっています。

二〇二一年には聖徳太子の千四百回忌の法要がゆかりのある寺院で勤められることでしょう。そのような今、本書が、あらためて親鸞聖人の求道の歩みに学び、そして、親鸞聖人が生涯尊敬された聖徳太子のお心にふれる機縁となることを願っています。

最後になりましたが、本書の発行を快くご承諾をいただきました織田顕祐氏に厚く御礼申し上げます。

二〇一九年三月

東本願寺出版

著者略歴

織田顕祐（おだ・あきひろ）

1954年愛知県生まれ。大谷大学卒業。同大学大学院文学研究科博士後期課程満期退学。現在、大谷大学文学部仏教学科教授。専門は仏教学。
著書に、『大般涅槃経序説』（東本願寺出版）、『ブッダと親鸞』（共著、東本願寺出版）、『暮らしの中に仏教を見つける』、『華厳教学成立論』（共に法藏館）など多数。

親鸞《しんらん》聖人《しょうにん》と聖徳太子《しょうとくたいし》

2019（平成31）年4月10日　第1刷発行

著者　織田顕祐

発行者　但馬弘

発行所　東本願寺出版
（真宗大谷派宗務所出版部）

〒600-8505　京都市下京区烏丸通七条上る
TEL（075）371-9189（販売）
（075）371-5099（編集）
FAX（075）371-9211

表紙デザイン　藤本孝明＋如月舎

印刷・製本　中村印刷株式会社

ISBN 978-4-8341-0600-8 C0215